AF455294

Mgr PERRAUD
ÉVÊQUE D'AUTUN, CHALON ET MACON
MEMBRE DE L'ACADÉMIE FRANÇAISE

NOS MORTS
DU
DAHOMEY

ALLOCUTION
PRONONCÉE A LA CATHÉDRALE LE JEUDI
15 DÉCEMBRE 1892.

AUTUN
DEJUSSIEU PÈRE ET FILS, IMPRIMEURS DE L'ÉVÊCHÉ
1892

Mgr PERRAUD
ÉVÊQUE D'AUTUN, CHALON ET MACON
MEMBRE DE L'ACADÉMIE FRANÇAISE

NOS MORTS
DU

DAHOMEY

ALLOCUTION
PRONONCÉE A LA CATHÉDRALE LE JEUDI
15 DÉCEMBRE 1892.

AUTUN
DEJUSSIEU PÈRE ET FILS, IMPRIMEURS DE L'ÉVÊCHÉ
1892

DU MÊME AUTEUR :

Le Centurion.

Les Séminaristes à la caserne.

Jeanne d'Arc, message de Dieu.

L'Union des forces sociales.

La Discussion concordataire.

Quelques Réflexions sur l'Encyclique à la France, du 16 février 1892.

A propos de la mort et des funérailles de M. Ernest Renan, avec une Lettre de S. S. le Pape Léon XIII.

Etc.....

NOS MORTS

DU

DAHOMEY

ALLOCUTION

PRONONCÉE A LA CATHÉDRALE LE JEUDI 15 DÉCEMBRE 1892.

> *Considera, o Israel, pro his qui mortui sunt vulnerati;... inclyti, Israel, qui interfecti sunt.*
>
> Considère, ô Israël, ceux qui sont morts de leurs blessures; regarde avec attention ces braves qui ont été tués.
>
> (IIe Livre des Rois, ch. I, v. 18 et 19.)

MESSIEURS,

J'emprunte ces paroles à un chant funèbre et guerrier, spécialement composé par David, pour perpétuer le souvenir des Israélites qui avaient péri autour de Jonathas et de Saül, dans une bataille livrée aux Philistins sur les hauteurs de Gelboé.

Nous aussi, rangés autour de ce catafalque, nous sommes venus nous acquitter des devoirs que la religion et la reconnaissance patriotique nous imposent envers les officiers et les soldats de nos armées de terre et de mer

1

tombés à dix-huit cents lieues d'ici, arrosant pour ainsi dire de leur sang le drapeau de la France qui flotte depuis trois semaines sur la capitale du Dahomey, vaincu et conquis.

C'est à tout Israël que David adressait l'invitation de considérer attentivement les cadavres ensanglantés de ceux qui avaient péri en combattant avec vaillance.

Il est bien juste, en effet, que tous portent le deuil de ceux qui se sont sacrifiés pour tous et fassent un commun effort pour que leurs magnanimes exemples profitent au bien général.

Vous donc, Messieurs, qui tenez si dignement l'épée de la France, et vous qui, dans les fonctions les plus diverses représentez l'autorité de son gouvernement et les services publics, je vous remercie d'avoir compris ma pensée et répondu à mon appel.

S'il y a malheureusement des questions difficiles et irritantes au sujet desquelles des concitoyens peuvent se diviser, il est aussi des circonstances où l'unité de la conscience nationale reprend le dessus et fait vibrer les âmes à l'unisson des mêmes douleurs, des mêmes joies, des mêmes espérances.

Tel sera aujourd'hui, je l'espère fermement de la bonté de Dieu, le bienfaisant résultat de cette touchante et imposante démonstration.

I

Jetons d'abord sur ces morts un regard de compassion attendrie et associons-nous au deuil de leurs familles : *Considera, o Israel, pro his qui mortui sunt vulnerati.....*

Dans une tragédie qui excitait au plus haut degré l'enthousiasme patriotique du peuple athénien, Eschyle chante avec un légitime orgueil la victoire remportée sur cette innombrable armée des Perses qui était venue pour asservir la Grèce. Les envahisseurs avaient été repoussés. Mais que de sang répandu ! Le poète sait trouver des accents pathétiques pour compatir à la douleur des parents. *Eux morts ! oh ! combien de mères baignent leur sein de larmes abondantes ! Et nous aussi, gémissons !* [1]

« Pleure sur le mort, disent nos Livres sapientiaux ;
» parce que ses yeux ne verront plus la lumière du
» jour. » [2]

La religion, Messieurs, ne nous commande pas l'insensibilité. Elle ne blâme pas les larmes répandues par nous sur les êtres chéris que la mort est venue nous reprendre. Elle nous fait un devoir de la condoléance envers ceux qui pleurent. *Flete cum flentibus, idipsum sentientes.* [3]

Pour la plupart, ces morts étaient des jeunes gens, pleins de vie, d'ardeur, d'élan, et, comme il nous arrive

1 Eschyle, *les Perses.*
2. Supra mortuum plora, defecit enim lux ejus. (Eccli. XXII, 10.)
3. Rom. XII, 15.

de dire, à nous qui sommes ignorants du lendemain, pleins d'avenir. Il y a quelques mois à peine, ils s'embarquaient pour cette expédition lointaine. Ils allaient voir des pays inconnus, expérimenter la stratégie savante des armées d'Europe contre une nation barbare, mais renommée dans toute l'Afrique par ses traditions guerrières, et où les femmes elles-mêmes, les fameuses amazones du Dahomey, ne le cèdent ni en habileté ni en férocité aux soldats de profession. Lequel d'entre eux ne caressait la perspective d'un prompt retour dans la patrie, avec de beaux états de services et un galon de plus ? Pour combien, hélas ! ces rêves charmants se sont évanouis au contact des brutales réalités de la guerre ! Les luttes sanglantes ont commencé. Devant des forces numériquement supérieures, ils ont tenu bon. Non seulement ils n'ont jamais reculé : mais ils ont toujours été devant eux. Chaque étape de cette marche militaire a été marquée par un combat, chaque combat par une victoire. En avant ! toujours en avant ! Pas de trêve ni de repos ! Il en faut finir avec l'insolence de ces hordes sauvages qui insultaient et provoquaient la France, parce qu'elle remplissait là-bas le noble rôle de protéger, non pas des intérêts commerciaux, mais la cause de la justice. Ainsi ont-ils été entraînés sans relâche par leur habile et vaillant chef et ils ne se sont arrêtés qu'après s'être rendus maîtres de la capitale.

Mais, au cours de ces brillants faits d'armes, combien sont tombés pour ne plus se relever ! Je ne puis entreprendre d'en faire l'énumération. Je les envisage dans leur ensemble, et, en votre nom et au mien, j'envoie l'expression de nos plus respectueuses et religieuses sympathies aux mères et aux veuves, aux sœurs et aux orphelins. *Plora super mortuum, quia defecit lux ejus.*

A ce sentiment de pitié naturelle bien légitime se joignent pour nous, chrétiens, les sollicitudes surnaturelles de notre foi. Nous savons que la mort n'est qu'un rapide passage qui nous transfère tout d'un coup au tribunal de Dieu. *Statutum est omnibus hominibus semel mori; post hoc autem judicium*[1]. Nous savons que les saints eux-mêmes ont tremblé devant ce jugement redoutable. A travers l'abîme qui nous sépare d'eux, nous entendons les morts nous redire la touchante supplication de Job : « O vous, qui nous aimez, ayez compassion » de nous, parce que la main du Seigneur nous a frap- » pés. *Miseremini mei, miseremini mei, saltem vos amici* » *mei, quia manus Domini tetigit me!* »[2]

Oui, amis, comptez que notre souvenir et notre compassion ne vous feront pas défaut. Vous avez raison d'attacher beaucoup plus de prix à nos prières qu'à tous nos éloges et aux honneurs dont nous sommes heureux de vous entourer.

Votre attente ne sera pas trompée. Nous allons prier pour vous en union avec la sainte Eglise, par l'intercession de Marie, le secours des chrétiens et la mère de la miséricorde. En votre nom, nous redirons les humbles aveux de David pénitent : « Seigneur, oubliez les » péchés de notre jeunesse; pardonnez-nous nos igno- » rances. *Delicta juventutis meæ et ignorantias meas ne*

1. Hebr. IX, 27.
2. Job, XIX, 21.

» *memineris*[1]. » Pleins de confiance en l'efficacité du sang rédempteur qui va couler tout à l'heure sur cet autel comme il a coulé sur la croix du Golgotha, nous supplierons l'Agneau de Dieu de vous introduire dans la paix éternelle. *Agnus Dei qui tollis peccata mundi, dona eis requiem, dona eis requiem sempiternam.*

II

La compassion à la fois naturelle et surnaturelle que nous ressentons comme hommes et comme chrétiens devant ces morts n'est pas le seul sentiment que leur vue doive nous inspirer.

Il convient encore de les considérer avec un profond respect : *Considera, o Israel, pro his qui mortui sunt vulnerati.*

Messieurs, on ne regarde pas un mort comme on regarde un homme endormi. On n'entre pas dans la chambre d'un mort comme on entre dans un appartement ordinaire. A tout ce qu'elle touche, la mort, qui est un grand mystère, communique je ne sais quoi de sacré. On dit : « La majesté de la mort. » C'est la seule que les révolutions ne détrôneront jamais. Partout, chez tous les peuples, dans tous les états de civilisation, le respect des morts fait partie du code des devoirs qui lient les hommes les uns à l'égard des autres, et cela se

1. Ps. XXIV, 7.

comprend. Puisque la loi de la mort est universelle, les égards que j'ai pour mon frère, mort hier, me seront rendus demain par ceux qui me survivront. *Mihi heri et tibi hodie.* [1]

S'il en est ainsi, même pour ceux qui ont simplement subi l'inexorable nécessité de la mort, que sera-ce de ceux qui auront été fièrement au-devant d'elle, afin de s'acquitter d'un devoir, et sachant très bien d'avance que l'accomplissement de ce devoir pourrait leur coûter la vie?

Ici, le respect pour les morts s'élève à la hauteur d'une vénération religieuse. A l'épitaphe fameuse [2] qu'il avait fait graver sur le tombeau de Léonidas et des trois cents héros des Thermopyles, Simonide avait ajouté cette inscription : « Glorieux est leur destin! » Leur tombe est un autel, nous leur donnerons un » immortel souvenir! »

Ce ne fut pas, l'histoire nous l'atteste, une poétique hyperbole. Jusqu'à l'époque où l'autonomie politique de la Grèce succomba sous les coups des Romains, les chefs d'armées, les hommes d'État, les orateurs évoquèrent souvent le souvenir des glorieux morts de Marathon, des Thermopyles, de Salamine, de Leuctres, de Mantinée. Les vieillards les redisaient aux jeunes gens; les mères avaient le courage de les répéter à leurs fils quand ils partaient pour le combat. « Ils sont » morts pour obéir aux lois du pays » : cela suffit pour

1. Eccli. xxxviii, 23.

2. « Passant, va dire à Sparte que nous sommes morts ici pour obéir à ses » lois. »

qu'ils soient proposés en exemple à leurs concitoyens. *Considera, o Israel, pro his qui mortui sunt!*

L'homme, Messieurs, est attaché à la vie par des liens si étroits et de si impérieux instincts, qu'il lui faut les motifs de l'ordre le plus élevé pour qu'il y renonce d'une façon digne et méritoire. Par ces mots, j'exclus l'acte du suicide, lequel ne peut jamais être que crime ou folie et qui, loin d'être l'immolation de soi-même au devoir, n'est qu'une lâche désertion du devoir et le refus d'obéir à ses exigences. D'ailleurs, plus est noble la cause qui détermine de pareils sacrifices, plus ceux qui les accomplissent généreusement grandissent dans l'estime de leurs semblables. « Il y a bien lieu de présu- » mer, dit Bossuet parlant des guerres justes, qu'on a » Dieu pour soi, parce qu'on y a la justice dont il » est le protecteur naturel. »[1]

Pourquoi, après avoir épuisé toutes les démarches préliminaires de conciliation, la France a-t-elle pris les armes et a-t-elle dépensé son or et le sang de ses enfants dans cette expédition lointaine? Le temps me manque pour expliquer les origines et les phases historiques de ce conflit. Je me borne à dire que notre pays aura eu la gloire de mettre fin, sur la côte occidentale de l'Afrique, à une domination barbare où, depuis des siècles, se perpétuaient dans d'indicibles horreurs, l'esclavage avec ses conséquences les plus cruelles, les massacres en masse officiellement exécutés à chaque

1. Bossuet, *Politique tirée de l'Écriture sainte*, l. IX, 9e Proposition.

changement de règne, et les sacrifices humains érigés en institutions nationales.[1]

Il y a peu d'années encore les murailles de Porto-Novo et celles d'Abomey où nos troupes sont entrées victorieuses étaient garnies tout à l'entour de crânes humains, lugubre diadème qui attestait bien la domination satanique de cet Esprit du mal dont le Sauveur a dit « qu'il était homicide depuis le commencement. »[2]

Avoir fait disparaître cette puissance malfaisante est donc une grande œuvre de justice, de civilisation, d'humanité. Je félicite mon pays de l'avoir accomplie. Elle facilitera l'évangélisation des tribus nègres dont

1. Il ne serait que trop aisé de recueillir dans les lettres de nos missionnaires, dont la véracité est attestée par les relations des voyageurs anglais, belges, allemands, les détails horribles de ces sacrifices. Je me borne à citer ce fragment d'un rapport du R. P. Augouard relatant, d'après un témoin oculaire, lieutenant de vaisseau de la marine française, la manière dont furent célébrées en 1879 les fêtes périodiques appelées dans le pays *les Grandes Coutumes*. « Sur une immense plaine, couverte de milliers de spectateurs, le roi » entouré de ses officiers était accompagné de l'officier français que l'on avait » forcé à aller à la cérémonie. 3,000 esclaves et 3,000 bœufs ou moutons » étaient rangés sur deux lignes, alternativement un homme et un animal. » Le roi se promena quelques instants au milieu de cette allée vivante ; puis » il fit un léger signe avec son bâton et les 6,000 têtes tombèrent au même » moment.

» Chaque année, pendant six mois et sans aucun prétexte, le roi de Dahomey » fait la guerre à ses voisins, uniquement pour avoir des victimes à immoler... » Ce qu'il y a de plus féroce chez les Dahoméens, c'est le bataillon des » femmes. Ces amazones font à cheval des courses effrénées et lancent avec » une merveilleuse adresse les flèches empoisonnées. Si les Dahoméens ne » font pas de captifs, le roi prend simplement 3,000 de ses sujets pour » victimes. (*Annales de la Propagation de la foi*, année 1880, p. 124 et 125, » t. LII. »

Voir encore les rapports plus anciens de M. Borghero en 1861, 1862 et 1863 (*Annales*, t. XXXIII, XXXIV et XXXV et le *Recueil des Missions catholiques* des années 1875 (p. 614 et 627), 1878 (p. 478 et 514), et 1880 (p. 43).

2. S. Jean, VIII, 44.

nous aurons été les libérateurs. Saluons, Messieurs, dans les exploits de notre armée du Dahomey, un nouvel épisode de cette histoire à laquelle le Pape Léon XIII se plaisait à rendre hommage, il y a peu de jours, lorsqu'il parlait de « cette patrie française au » passé si glorieux, que la Providence a choisie pour » marcher à la tête des peuples, l'étendard de la croix » à la main. »[1]

Oh ! puisse cette patrie si chère ne jamais déchoir d'une si honorable prédestination ! Puissions-nous avoir toujours le droit de répéter aux autres nations la parole que Gédéon adressait comme un ordre du jour à ses soldats d'élite avant de les mener à l'assaut de Jéricho : « Que chacun de vous fasse comme moi et suive ce » qu'il m'aura vu exécuter. *Quod me facere videritis, hoc* » *facite ; quod fecero, sectamini.*[2] »

La France marchant la première partout, guidant le reste du monde dans les voies de la justice et de la vraie liberté, travaillant à l'extension du règne de Dieu par la diffusion de l'Évangile : quel plus bel idéal ? Et combien méritent d'être honorés, quelle que soit la forme de leur dévouement, soldats, missionnaires, sœurs de charité, tous ceux qui donnent leur vie pour le réaliser !

1. Lettre de S. S. le pape Léon XIII à Mgr l'évêque d'Orléans, 31 octobre 1892.

2. Jud. VII, 17.

III

Enfin, Messieurs, je vous ferai part d'une pensée dans laquelle je trouve un nouveau motif de reconnaissance envers les braves dont le souvenir nous rassemble aujourd'hui, et envers Dieu qui s'est servi d'eux pour nous ménager dans une poignante épreuve une compensation singulièrement opportune.

N'avez-vous pas été frappés de cette coïncidence ? Nous avons appris la nouvelle de nos succès au Dahomey juste au moment où éclataient ces hontes domestiques qui, depuis trois semaines, provoquent à notre égard, de la part de l'étranger, une curiosité maligne et des appréciations sévères jusqu'à l'injustice, parce qu'elles étendent à tous les responsabilités et les torts de quelques-uns.

Sans doute nous pouvons opposer à nos accusateurs la parole célèbre de Camille Desmoulins. Désolé de voir la cause de la liberté déshonorée et compromise par les insanités sanguinaires d'un Chaumette, d'un Hébert, d'un Marat, l'ardent patriote s'écriait : « Faites attention, un égout n'est pas la Seine ! » A plus forte raison ne faut-il pas assimiler la France entière à une sentine corrompue et infecte. Le très grand nombre des Français qui demandent à un travail honnête leurs moyens d'existence ont droit de n'être pas confondus avec les auteurs et les complices de ces marchés honteux où l'on ne saurait dire quels sont les plus coupables de ceux qui ont acheté des consciences, ou de ceux qui ont mis les leurs aux enchères et les ont vendues.

Qu'ils tombent sous la vindicte et le mépris public, les misérables qui, pour satisfaire leurs goûts de luxe et leurs passions effrénées,

Auri sacra fames et amor sceleratus habendi [1]

n'ont pas hésité à spolier les victimes trop crédules de leurs promesses mensongères et de leurs dégradantes spéculations ! Qu'ils soient cloués au pilori d'infamie, ces hommes à qui leur position sociale faisait un devoir de donner aux autres des exemples d'intégrité et qui ne se sont servis de leur influence et de leur crédit que pour se jouer avec plus d'audace des maximes élémentaires de l'honnête et du juste !

Mais si la France les répudie, comme indignes de porter son nom, avec quelle fierté légitime, aux amis et aux ennemis, ne montre-t-elle pas ceux de ses enfants qui sont tombés au champ d'honneur, sous les plis de son drapeau ? Ceux-là n'étaient pas des mercenaires ayant trafiqué d'avance des hasards de la guerre et exposé leur vie pour quelques pièces d'or. Ils ont été là-bas, parce que le devoir les y appelait. Aussi désintéressés qu'obéissants et courageux, ils n'ont pas mis leur dévouement à prix, et personne ne leur a fait l'injure de vouloir leur

1. Le premier hémistiche de ce vers hexamètre est de Virgile (*Enéide*. l. III, v. 57), et le second, d'Ovide (*Métamorphoses*, l. I. v. 131.)

Ne dirait-on pas que ce dernier a eu devant les yeux les détails de mœurs qui nous causent une si profonde affliction, lorsque dans cette même description de l'âge de fer, il disait :

Protinus irrumpit venæ pejoris in ævum
Omne nefas : fugêre pudor, verumque fidesque ;
In quorum subiere locum fraudesque dolique
Insidiæque et vis, *et amor sceleratus habendi.*

acheter ce qu'ils n'auraient jamais voulu vendre. Leur attitude, leurs actes, leur vie, leur mort, sont la plus éloquente et décisive protestation contre les jugements injustes dont la France peut être en ce moment l'objet de la part de ses envieux et de ses ennemis.

Non, Dieu soit loué ! les traditions de l'héroïsme simple qui se sacrifie, sans faire de bruit et sans attendre de rémunération terrestre, n'ont pas disparu d'au milieu de nous. En dépit de certaines apparences, la sève des antiques vertus circule encore dans les veines de la nation et nous permet de soutenir la comparaison sans désavantage avec les peuples les plus civilisés.

Pour le démontrer, il n'est pas nécessaire que je remonte loin dans le passé et que je compulse laborieusement nos anciennes histoires. J'en appelle simplement à ce que nous avons vu dans ces dernières années, dans ces dernières semaines, au Tonkin, au Soudan, au Dahomey, et encore je ne veux parler ici que de nos dévouements militaires. J'en tais un grand nombre d'autres dont l'Église et la France doivent remercier Dieu.

Qu'ils parlent donc, les Courbet, les Rivière, les de Villers, les Faurax, et tant d'autres dont les noms sont inscrits aux livres d'or de nos régiments et de nos équipages !

Oui, qu'ils parlent ! Et nous, écoutons-les avec attention et avec respect !

Et voici comment je me permets de traduire leur langage et l'appel qu'ils nous adressent du fond de leurs tombes, ou mieux encore du sein de Dieu dans lequel ils ont trouvé leur solide récompense.

Ils nous disent, et je répète après eux :

L'honneur national est un dépôt sacré dont chaque génération est comptable envers celles qui la suivent sur la scène mobile de l'histoire. C'est un crime de lèse-patrie d'y porter atteinte et de l'amoindrir; c'est une obligation stricte, non seulement de le garder intact, mais encore de l'augmenter, et chacun est tenu d'y apporter l'appoint de son travail et de ses mérites personnels.

L'honneur, Messieurs, je n'hésite pas à dire que c'est un des plus grands mots de la langue des hommes. Je serais tenté de le définir un resplendissement de la vérité, de la simplicité, de l'éblouissante et pure lumière qui est comme le « vêtement de Dieu. »[1]

Je me permets de lui appliquer les termes dont se servent nos saints Livres pour caractériser la Sagesse increéée. Ils l'appellent « un reflet de la vertu divine, une transparente irradiation de la gloire du Tout-Puissant, dans laquelle on ne peut discerner aucune tache. »[2]

Voilà pourquoi nos pères lui avaient donné pour emblème la blanche hermine de Bretagne, et comme devise la fière parole : « Plutôt subir la mort que la » moindre souillure : *Potius mori quam fœdari!* » Quand saint Paul exhorte les premiers fidèles à porter au milieu du monde corrompu du paganisme la fleur délicate de l'honneur chrétien, formé dans les consciences par l'esprit de l'Evangile et par la grâce de

1. Ps. CIII, 2.

2. Vapor virtutis Dei ; emanatio quædam claritatis omnipotentis Dei sincera ; et ideo nihil inquinatum in eam incurrit. (Sap. VII, 25.)

Jésus-Christ, il leur demande d'avoir sans cesse en pensée, pour y conformer leurs sentiments et leurs actes : « Toute vérité, toute justice, toute sainteté, » toute pudeur, toute bonne renommée, toute vertu et » le respect de toutes les lois du devoir. »[1]

Et nous aussi, Messieurs, ayons toujours les regards de l'âme fixés sur cette idéale beauté de la perfection morale. Aimons-la d'un enthousiasme qui se communique autour de nous à tous ceux qui seront les témoins de notre vie.

Mais ne la séparons pas de son principe.

On nous avait tant dit, depuis quelques années, que la religion n'était plus nécessaire ; qu'elle avait fait son temps ; que l'humanité était assez grande, assez forte, assez virile pour se passer de l'hypothèse vieillie d'un Dieu, juge des consciences, rémunérateur du bien et vengeur du mal ; que la morale purement humaine, fruit de la science indépendante, se suffirait désormais à elle-même sans aucun recours ni à la prière, ni à la grâce, ni à aucune force venue d'en haut !

Or, Messieurs, la Providence a permis que les récents événements auxquels je viens de faire allusion aient mis sous nos yeux la démonstration de ce que valent toutes ces promesses fastueuses, toutes ces orgueilleuses prétentions.

Oui, elle est là devant nous cette démonstration ; elle est décisive, péremptoire, implacable ; elle s'impose et nul ne peut l'éluder ! Elle n'est d'ailleurs que la très

1. De cætero, fratres, quæcumque sunt vera, quæcumque pudica, quæcumque justa, quæcumque sancta..... quæcumque bonæ famæ, si qua virtus, si qua laus disciplinæ, hæc cogitate. (Phil., IV, 8).

simple et directe application de la règle tracée par l'Evangile : « Vous jugerez l'arbre à ses fruits. »[1]

Vous pouvez apprécier par ses conséquences, qui s'étalent si tristement à cette heure, la valeur de cette prétendue morale étrangère à toute pensée religieuse, et ne voulant relever que du positivisme soi-disant scientifique, au nom duquel elle prétend régir le monde.

Oh! puisse cette douloureuse expérience profiter au bien général du pays ! Il est aisé de comprendre ce qu'il deviendrait si ces néfastes influences parvenaient à se rendre maitresses de la conscience publique. Elles conduiraient rapidement la France aux plus honteuses gémonies de l'histoire. Il n'est que temps de lutter contre elles et contre les doctrines d'où elles sont issues. C'est ce que demandent de nous ces frères qui sont morts en témoignage de leur obéissance à la loi du devoir et de leur amour pour la patrie. Il semble que leur voix fasse écho aux exhortations prodiguées cette année à la nation française par les paternelles sollicitudes du souverain Pontife.

Vous le savez, il ne s'est pas seulement adressé au clergé et aux fidèles dont il connaît d'avance l'entière docilité. Il a fait appel à tous les hommes de sens, de probité, de cœur. Il les a conjurés de ne plus se diviser à propos d'intérêts secondaires et de concentrer leurs forces et leurs efforts sur le point capital qu'on peut dire être pour la France une question de vie ou de mort; cessera-t-elle d'être chrétienne ou gardera-t-elle le trésor de sa foi?

1. S. Matthieu, VII, 16, 20.

A tout prix, Messieurs, nous devons empêcher le triomphe de la philosophie fausse et désolante qui ne sépare l'homme de Dieu que pour le jeter en proie aux passions les plus viles et les plus désastreuses. Si nous aimons vraiment notre patrie, si nous sommes soucieux de son bonheur et de sa gloire, nous ferons d'unanimes efforts pour qu'elle demeure fidèle aux traditions de son antique foi.

Croyons en la parole de saint Paul[1] : la religion de Jésus-Christ n'a pas seulement pour but de conduire sûrement chacun de nous à la félicité de la vie future : c'est encore elle qui est la meilleure garantie de la grandeur des nations, inséparable de la pratique de la justice et du culte de l'honneur.

1. I, Tim. IV, 8.

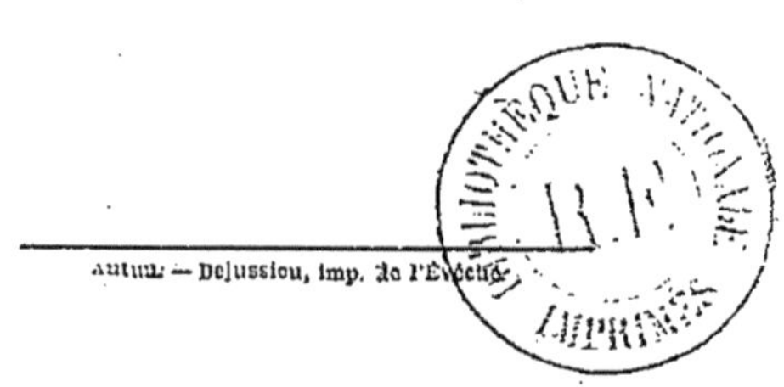
Autun — Dejussieu, imp. de l'Évêché.

DU MÊME AUTEUR :

Le Centurion.

Les Séminaristes à la caserne.

Jeanne d'Arc, message de Dieu.

L'Union des forces sociales.

La Discussion concordataire.

Quelques Réflexions sur l'Encyclique à la France, du 16 *février* 1892.

A propos de la mort et des funérailles de M. Ernest Renan, avec une Lettre de S. S. le Pape Léon XIII.

Etc.....

www.ingramcontent.com/pod-product-compliance
Ingram Content Group UK Ltd.
Pitfield, Milton Keynes, MK11 3LW, UK
UKHW022210190726
13855UKWH00004B/1699